(cole sua foto aqui!)

Faíscas
Tempo com Jesus

Faíscas
Tempo com Jesus

© 2011 RBC Ministries, Grand Rapids, Michigan, USA.
Todos os direitos reservados.

Todos os artigos são adaptados das meditações do Pão Diário.

As citações bíblicas são extraídas da edição
Nova Tradução da Linguagem de Hoje © 2005 Sociedade Bíblica do Brasil.

O texto inclui o acordo ortográfico conforme o Decreto n.° 6.583/08.

Escritores:
Chia Poh Fang, Connie Cheong, Chung Hui Bin, Lillian Ho, Khan Hui Neon, Catherine Lee,
Sim Kay Tee, Mary Soon, Song Shuling, Stephanie Tan, Tham Han Xim, Yong Soo Li

Tradutores:
Cordélia Willik, Lílian Steigleder Cabral

Editores:
Alyson Kieda, Rita Rosário, Thaís Soler

Desenho gráfico:
Narit Phusitprapa, Day Day, Mary Tham, Audrey Novac Ribeiro

Diretor de arte:
Alex Soh

Modelos ilustrativos:
King's Kid, Educational Toys & Decorations, Chang Mai, Thailand

Publicações RBC

Rua Nicarágua 2128, Bacacheri, 82515-260 Curitiba/PR, Brasil
www.publicacoesrbc.com.br · www.ministeriosrbc.org

Código: ME539
ISBN: 978-1-60485-268-4
Impresso na China · Printed in China

1.ª edição: 2011 · 2.ª impressão: 2013

Queridos pais, avós e crianças — grandes e pequenas!

Faíscas foi escrito especialmente para vocês.

Para aproveitar bem esta leitura, siga os quatro passos fáceis e divertidos.

Passo n°.1: Uma vez por semana, invista o seu tempo nesta leitura e no texto bíblico indicado.

Passo n°.2: Torne a Palavra de Deus parte de sua vida. "Para memorizar" e os passatempos serão um bom começo. Há melhor maneira de memorizar a Bíblia?

Passo n°.3: Reforce a lição, permitindo que a criança "Experimente" através das simples brincadeiras ou atividades. Grandes e pequenos, observem as instruções!

Passo n°.4: Encoraje a vida de oração, ajudando a criança a conversar sobre as lições aprendidas com o texto bíblico." Falando sobre" traz as ferramentas úteis para tal aprendizado.

Deus deseja que Seus filhos aprendam a conhecê-lo melhor e que correspondam ao Seu amor. Que as *faíscas* deste livro abrilhantem o seu relacionamento com Deus e com os outros.

Conteúdo

Capítulo 1
Venha para Jesus 5

Capítulo 2
O que Jesus fez por mim 21

Capítulo 3
Brilhando por Jesus 37

Capítulo 4
Meu presente de Natal 53

Capítulo 1

Venha para Jesus

Jesus disse:
Deixem que as crianças
venham a mim... —Mateus 19:14

Venha para Jesus

Alguns pais viram o amor que Jesus tinha pelas pessoas. Eles trouxeram suas preciosas crianças até Ele. Os pais esperavam que Jesus orasse por elas, porém, os Seus seguidores queriam protegê-lo, pois achavam que as crianças o incomodariam e Ele estava muito cansado. Eles estavam enganados! Jesus ama as crianças e as recebe bem. Jesus ama você! Ele quer estar com você e ser Seu amigo. Você quer ser amigo de Jesus?

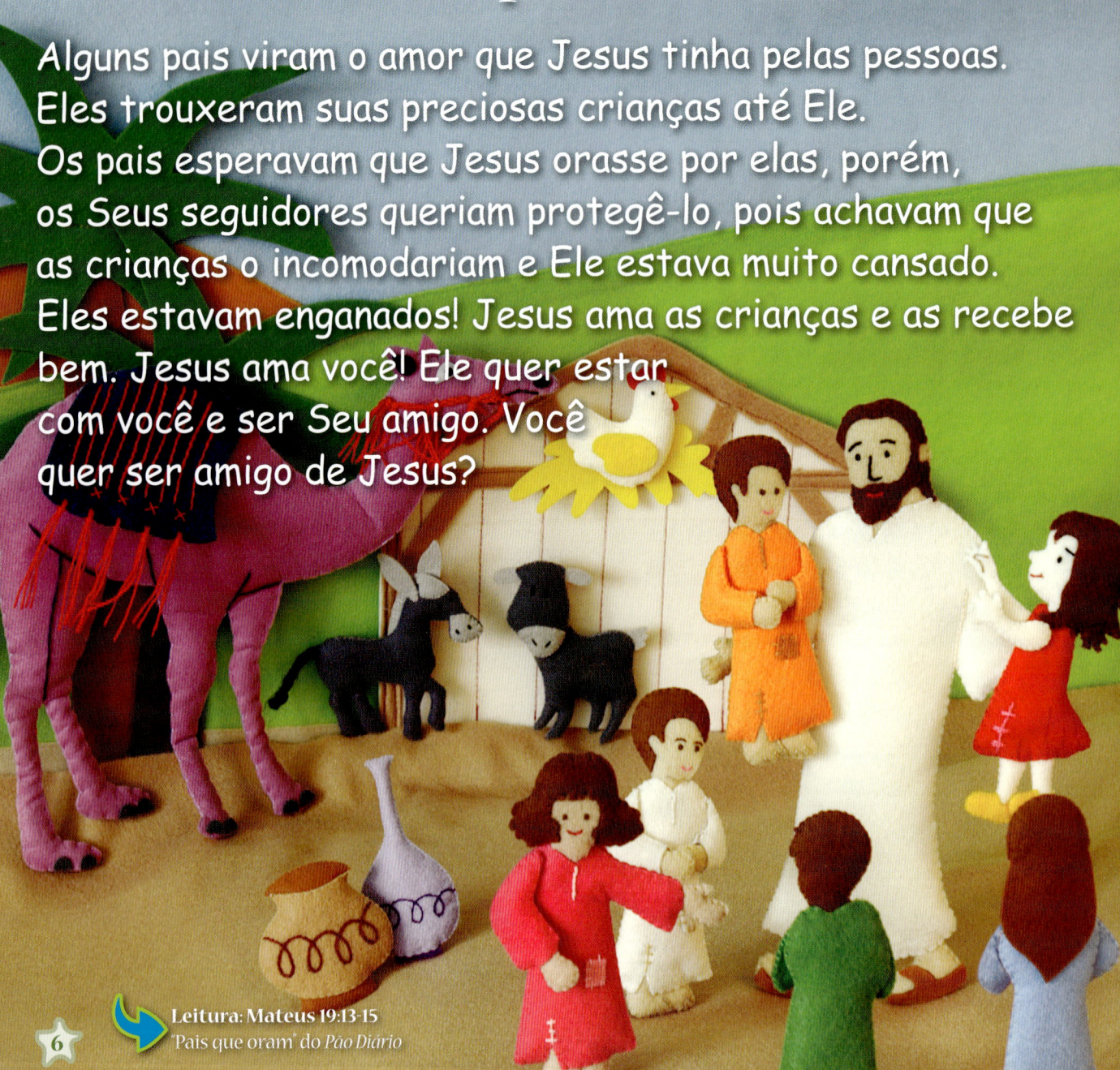

Leitura: Mateus 19:13-15
"Pais que oram" do *Pão Diário*

Para memorizar

J■sus diss■: D■ix■m qu■ as crianças v■nham a mim...
Mateus 19:14

Dica:
Na sentença acima está faltando uma letra do alfabeto. Você pode adivinhar qual letra está faltando?

Experimente!

A nossa parte

Papai e mamãe querem me dar um abraço. Mas eu preciso primeiro alcançá-los no outro lado da sala sem pisar no chão. Posso usar dois pedaços de papel para me ajudar. Como posso fazer isso?

A nossa parte

Ajude a criança a compreender que para descobrir o quanto Deus nos ama é necessário buscá-lo primeiro.

Podemos ter a certeza de que ao fazermos a nossa parte, Ele fará a Sua.

Falando sobre

Compartilhe com as crianças como você buscou em Jesus o conforto, a orientação e a proteção em sua própria vida. Converse com elas sobre as maneiras que podemos, falar com Jesus como um amigo, compartilhando seus medos, pedindo ajuda, proteção e agradecendo-lhe.

Aprendendo mais sobre Deus

Quando Jesus tinha 12 anos, seus pais o levaram à casa de Deus. Jesus encontrou-se com as pessoas que conheciam a Palavra de Deus. Ele queria aprender mais sobre o Pai. Ele as ouviu e as questionou. Jesus cresceu e cumpriu o que era certo, obedecendo a Palavra de Deus. Você quer conhecer o Pai celestial? Então, leia a Sua Palavra e converse com alguém que já o conhece.

Leitura: Lucas 2:41-52
"Conselho sábio" do *Pão Diário*

Lucas 2:52
Para memorizar

✝ ia 📏 também em 📖,

e tanto Deus como as 🧑‍🤝‍🧑

👍 cada vez mais dele.

Dica:
Combine cada uma das figuras acima com uma palavra dada abaixo.

crescendo · pessoas · gostavam · Jesus · sabedoria

Experimente!

Crescendo

Quero plantar alguns feijões. O que devo fazer? Descubra a sequência dos cinco passos que você precisará dar. Enumere-os corretamente.

☐ Medir quanto minhas plantas cresceram após duas semanas.

☐ Espalhar os feijões sobre o algodão.

☐ Colocar os feijões no vaso e perto da janela onde há luz.

☐ Molhar diariamente.

☐ Colocar um pedaço de algodão ensopado no fundo de um recipiente.

Crescendo

Como a linda planta precisa do sol para crescer, também precisamos da luz para nos tornarmos pessoas que fazem o que é correto. A Palavra de Deus é a luz.

Para crescermos e nos tornarmos pessoas que agradam a Deus, precisamos ouvir a Sua Palavra.

Falando sobre

Você consegue pensar em alguém que poderia lhe ensinar mais sobre Deus?

O que você gostaria de lhe perguntar?

*Jesus o conhece.
Ele deseja que você o conheça também.*

Jesus pode usar você

Milhares de pessoas vieram ouvir Jesus ensinar sobre Deus. Elas estavam famintas, mas não havia dinheiro para comprar comida. Um menino deu a Jesus seus cinco pães de cevada e dois peixes em conserva. Jesus usou o lanche do menino para alimentar todas as pessoas. Todos comeram o suficiente. Deus pode usar as criancinhas para ajudar as pessoas! Deus pode usar você para ajudar pessoas se você compartilhar o que tem. Você está disposto a isto?

Leitura: João 6:1-12
"Onde está Piccolo?" do *Pão Diário*

Dica:
Reorganize as palavras e memorize o versículo.

completamente se Deus ofereçam a

Romanos 12:1

___/_____

_____

__/_____

Para memorizar

Experimente!

O que eu tenho?

Enquanto caminho pela sala, vou listar cinco coisas que tenho. Por exemplo:

- Carrinhos de brinquedo: 5
- Bolinhas de gude: 10

O que eu tenho?

Talvez alguns de nós tenhamos poucas coisas e outros foram abençoados com muito mais do que o necessário. De qualquer maneira, Deus se agrada quando compartilhamos o que temos com os outros.

Com Jesus, até as pequenas coisas podem tornar-se grandes quando usadas para o bem do próximo.

Falando sobre

Compartilhe com as crianças como algumas pessoas servem a Deus de diversas maneiras, grandes e pequenas.

Conversem sobre como sua família pode dar suas dádivas a Jesus. Pode ser arrecadando livros, brinquedos e roupas para os necessitados. Investir tempo encorajando um amigo que está com problemas também é uma maneira de servir a Jesus.

Creia em Jesus

A filha de Jairo estava muito doente. Ele implorou que Jesus fosse até a sua casa e a curasse, porém antes dele chegar, a menina morreu. Jesus disse a Jairo para não temer, mas confiar nele. Jesus resolveria aquela situação. Quando Ele chegou à casa de Jairo, foi até a menina que já estava morta e a fez ficar bem novamente. Existem coisas que o amedrontam? Confie em Jesus, o seu Amigo!

Leitura: Lucas 8:40-42,49-56
"Duas filhas" do *Pão Diário*

Dica:
Junte os pontos da mesma cor na ordem correta para enxergar a palavra.

Não tenha medo, apenas...

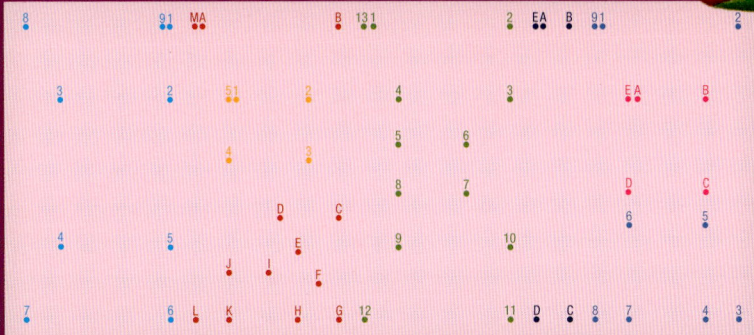

Lucas 8:15
Para memorizar

Experimente!
Andando pela fé

Não posso enxergar. Estou com os olhos vendados. Preciso caminhar de um canto ao outro da sala. Ela está cheia de coisas sobre as quais não devo pisar nem esbarrar. Como meu pai e minha mãe podem me ajudar?

Andando pela fé

Quando estamos com medo, podemos pedir ajuda a Jesus. Ele sabe todas as coisas. Podemos confiar nele para nos ajudar.

Em todas as coisas, grandes e assustadoras — pequenas e comuns — podemos confiar em Jesus.

Falando sobre

O que o amedronta?
Fale com Deus sobre isso.

Eu tenho medo de
_____.

Vou confiar em Jesus e não temerei!

Jesus o procura

Certo pastor tinha 100 preciosas ovelhas. Certo dia, uma ovelha se perdeu. Ele a procurou por toda parte na terra selvagem e perigosa. Ele não desistiu e quando finalmente a encontrou, celebrou com os seus amigos. Assim como este amável pastor, Jesus está procurando as pessoas que estão fora da família de Deus. Ele quer trazer essas pessoas perdidas para casa. Você faz parte da família de Deus? Se não fizer, Deus está procurando por você!

Leitura: Lucas 15:3-7
"Quando o perdido é achado" do *Pão Diário*

Para memorizar

Encontre as palavras: FILHO, HOMEM, BUSCAR, SALVAR, PERDIDO

```
O R S O R
D A A P F
I C L H I
D S V H L
R U A I H
E B R O O
P R M M D
D E A A D
M I A R F
P R O V S
```

Dica: Você precisa olhar de cima para baixo e de baixo para cima, de trás para frente, de lá para cá e de cá para lá.

Usando as palavras acima, complete o versículo!

Porque o ▢▢▢▢▢▢ do ▢▢▢▢▢▢ veio ▢▢▢▢▢▢ e ▢▢▢▢▢▢ quem está ▢▢▢▢▢▢▢▢.

Lucas 19:10

Experimente!

Perdidos e achados

Encontre a ovelha perdida!

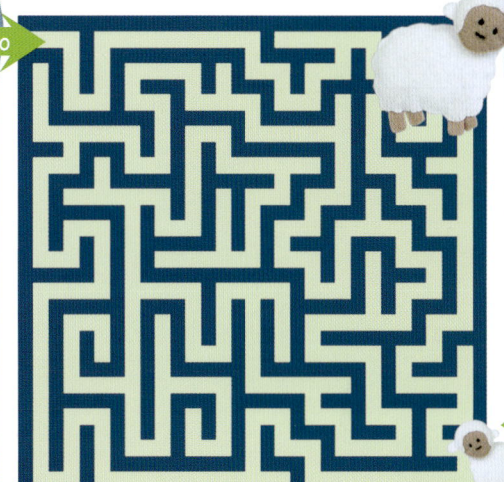

Início — Fim

Perdidos e achados

A Bíblia ensina que todos os que estão fora da família de Deus estão perdidos, pois não o obedeceram e se desviaram dos Seus caminhos. Deus se entristece, mas Ele nunca desiste de nós. Ele continua Sua busca por cada um de nós.

Falando sobre

Jesus, o Bom Pastor, está procurando por você. Você quer voltar para o lado de Deus? Permita que Jesus seja o Senhor (o Rei) da sua vida. Siga-o como uma ovelha seguiria o pastor!

Peça desculpa

Dois homens estavam orando a Deus. O primeiro, orgulhoso, dizia: "Querido Deus, sou um homem bom. Diferente dos outros, nada faço de errado." Deus não ouviu essa oração porque o homem estava orgulhoso demais para admitir seus erros. Porém, o segundo homem simplesmente orou: "Querido Deus, perdoa-me. Fiz coisas que te entristeceram." Deus o ouviu e esqueceu os pecados dele! Você gostaria de orar como o segundo homem?

Leitura: Lucas 18:9-14
"Paradoxo" do *Pão Diário*

Escreva a letra inicial de cada figura para soletrar as palavras que estão faltando.

1=
2=
3=
4=
5=
6=
7=
8=

Para memorizar
Lucas 18:13

Ó Deus, tem ⬜¹ ⬜³ ⬜⁶ ⬜² de mim, pois sou ⬜¹ ⬜³ ⬜⁴ ⬜² ⬜⁵ ⬜⁸ ⬜⁷ !

Experimente!

Empilhando

Vou fazer uma torre alta. Para cada coisa que eu disser sobre mim, vou adicionar um bloco. Por onde devo começar?

Eu sou legal e ajudo os outros...
Eu dou dinheiro para ajudar os pobres...
Eu vou à igreja aos domingos...
Eu leio a Bíblia todos os dias...
Eu obedeço os meus pais...
Eu alimento meus animais de estimação...

Empilhando

Sempre que pensarmos que deveríamos ser aceitos por Deus por nossas boas ações, caminhamos para uma queda!

Nós nos tornamos filhos de Deus não por méritos, mas pela humildade — admitindo diante de Deus que não somos bons o suficiente para Ele.

Falando sobre

Você ora — como o fariseu ou como o cobrador de impostos?

Leve-me para o céu

Quando Jesus estava sofrendo na cruz, dois ladrões foram crucificados ao seu lado. Um ladrão não acreditou que Jesus é Deus. Ele zombou de Jesus. Mas o outro ladrão sabia que tinha feito coisas erradas, diferente de Jesus. Ele creu que Jesus é Deus e poderia ajudá-lo. Ele queria estar com Jesus para sempre. Então, ele pediu a ajuda de Jesus. O Senhor o ouviu e o recebeu na família de Deus.

Ninguém é mau demais que não possa ser perdoado. Você pode estar com Jesus também. Convide-o para estar com você diariamente!

Leitura: Lucas 23:32-43
"Três cruzes" do *Pão Diário*

Para memorizar

a. vier como Rei

b. lembre de

c. senhor

d. quando o

e. mim

Lucas 23:42

Jesus, b._____ e._____
d._____ c._____
a._____ !

Você entendeu o versículo certinho? Agora substitua a palavra "mim" pelo seu nome. Leia o versículo novamente.

Experimente!

Não dá para atravessar?

Há dois círculos no chão separados por dois metros de distância. Devo pular de um círculo para o outro em um só pulo. Posso fazer isso sozinho? Se eu admitir que não posso fazê-lo e pedir ajuda, alguém colocará uma tábua entre os dois círculos. Agora posso atravessar pela tábua e chegar ao outro lado.

Não dá para atravessar?

Quando não obedecemos a Deus, existe um grande espaço vazio entre Ele e nós. Ninguém pode chegar a Deus por seus próprios esforços. Mas Deus nos ama tanto que enviou Seu único Filho, Jesus, para nos ajudar.

Jesus é a ponte que nos ajuda a chegar a Deus.

Falando sobre

Você quer estar com Jesus para sempre? Se quiser, ore agora mesmo. Peça para Deus perdoá-lo pelos erros e maus pensamentos. Então você se tornará filho de Deus.

Para colorir

Jesus disse: Deixem que as crianças venham a mim…
—Mateus 19:14

Capítulo 2

O que Jesus fez por mim

O que está escrito é que o Messias tinha de sofrer e no terceiro dia ressuscitar. —Lucas 24:46

Jesus é o rei

Na Bíblia, Deus disse ao Seu povo: O seu Rei virá montado num jumento. Quando Jesus entrou na cidade montado sobre um jumento, todos vieram para vê-lo. Deus tinha enviado o Seu Rei, Jesus. Ele veio para derrotar o pecado com a Sua morte na cruz. As crianças o viram, creram e exclamaram: "Hosana ao Filho de Davi." Jesus é o Rei, e Ele morreu para perdoar os seus pecados. Você acredita?

Leitura: Mateus 21:1-11,14-17
"Ouça as crianças" do Pão Diário

Para memorizar

Para encontrar o versículo, elimine os espaços com as palavras que contêm as letras "j" e "b".

Será que vocês nunca	bananas	leram a passagem	bolo
joelho	das Escrituras Sagradas	janela	que diz:
"Deus ensinou	jacaré	as crianças e as criancinhas	jogo
a oferecerem	bicicleta	borboleta	o louvor perfeito"?

Mateus 21:16

Experimente!

A fé da criança

Vou pedir à mamãe ou papai para lermos Marcos 10:13-16. Vou levantar minha mão e gritar "Hosana ao Filho de Davi!" quando ouvir as palavras *crianças* ou *criancinhas*.

A fé da criança

Você sabe o que Deus quer que você faça? Ele quer que você acredite no que Ele diz em Sua Palavra. Todas as crianças podem crer. Deus ficará feliz quando você crer.

Falando sobre

Você acredita no que Deus diz sobre o Seu Filho Jesus? Se sim, faça uma oração e lhe agradeça agora.

Demonstre amor

Demonstramos o nosso amor aos outros em diferentes momentos e diversas maneiras. As melhores maneiras e momentos surgem quando estamos juntos. Quando Maria esteve com Jesus, ela demonstrou o seu amor por Ele. Certo dia, quando Jesus estava jantando na casa de Simão, Maria derramou um perfume caro sobre a cabeça de Jesus. Ela demonstrou-lhe o quanto o amava, enquanto Ele estava presente. Demonstre ainda hoje o seu amor fazendo algo legal às pessoas.

Leitura: Mateus 26:6-13
"Reconhecido" do *Pão Diário*

Para memorizar

Para colocar o versículo na ordem correta, organize os corações do menor para o maior.

- será contado o que ela fez,
- e ela será lembrada.
- do mundo onde
- o evangelho for anunciado,
- Em qualquer lugar

Mateus 26:13

Experimente!

Amor em ação

Vou surpreender minha mãe e meu pai. Farei algo bom para eles. Vou dar-lhes um abraço, talvez fazer um desenho ou ainda contar uma piada para eles rirem bastante.

Amor em ação

O amor vem de Deus. O amor pode ser praticado em todos os momentos. É só fazer algo de bom para alguém imediatamente. Olhe à sua volta. Você já encontrou alguém a quem você pode demonstrar o amor de Deus? Vamos começar?

Falando sobre

Converse com a criança sobre as maneiras de demonstrar o amor de Deus a alguém ainda hoje.

Servindo como Jesus

Uma noite, após o jantar, Jesus começou a lavar os pés dos Seus discípulos. Um dos discípulos chamava-se Judas, e ele não amava Jesus. Judas queria prejudicá-lo.
Mesmo assim, Jesus lavou os pés dele. Jesus quer que sigamos o Seu exemplo e que estejamos dispostos a servir a todos, não só os nossos amigos e familiares. Você seguirá o exemplo de Jesus e irá servir alguém hoje?

Leitura: João 13:1-8,12-15
"Os pés de Judas" do *Pão Diário*

Para memorizar

Combine cada par de sapatos com a pessoa que o usaria. Decifre o versículo dizendo a palavra que acompanha cada par de sapatos.

Pois eu 🥿 o 🩴 para que 👠 🥾 o que eu 👟. João 13:15

Experimente!

Pronto para ajudar

Hoje, vou pedir para mamãe sentar-se numa cadeira. Depois, vou ajudá-la a tirar seus sapatos ou chinelos. Vou lavar os seus pés e depois passar um creme com muito carinho. Vou fazer o mesmo para o papai.

Pronto para ajudar

Você está surpreso por Jesus ter lavado os pés de Judas — alguém que mais tarde iria traí-lo?

Geralmente, nós ajudamos apenas as pessoas que conhecemos e amamos. Mas Jesus é diferente, pois ajuda a todos porque quer. Não lhe importa quem seja. Você está disposto a seguir o exemplo de Jesus?

Falando sobre

O desejo de ajudar aos outros surge no coração. Quando decidimos ajudar o próximo, não precisamos escolher a quem devemos ajudar. Só precisamos estender as mãos. Pergunte à criança se ela está disposta a ajudar aos outros.

Obedecendo a Deus

Nem sempre é fácil obedecer a Deus. Queremos fazer só o que preferimos. Jesus queria obedecer a Deus porque Ele ama o Seu Pai. Mas quando Deus pediu a Jesus para fazer algo muito difícil — morrer na cruz por você e por mim — Jesus teve que escolher entre seguir o Seu próprio caminho ou o caminho de Deus. No final, Jesus escolheu obedecer o Pai. Você também escolherá com alegria obedecer a Deus, mesmo se for difícil?

Leitura: Mateus 26:36-46
"Quem está vencendo?" do Pão Diário

Para memorizar

Ligue cada linha a um balão. Cada balão contém uma parte do versículo. Reescreva o versículo nos espaços corretos.

Balões: *a tua vontade* / *Eu tenho prazer* / *ó meu Deus!* / *em fazer*

1. _____
2. _____
3. _____
4. _____

Salmo 40:8

Experimente!

Siga e obedeça

Vou enumerar as tarefas que meus pais me pediram para cumprir hoje, por ordem de dificuldade (a primeira será a mais difícil).

Exemplo:
1. Devo comer a salada.
2. Devo terminar a lição de casa antes de brincar.
3. _____
4. _____
5. _____

Siga e obedeça

Seus pais, alguma vez, já lhe pediram para fazer algo que você não queria fazer? Você os obedeceu? Se você acredita que seus pais sabem mais, deveria obedecê-los mesmo sem concordar com eles. Acontece o mesmo com a obediência a Deus. É melhor obedecê-lo sempre.

Falando sobre

Compartilhe com a criança uma experiência que demonstre como obedecer a Deus nem sempre é fácil, mas é sempre a melhor decisão.

Jesus pode nos perdoar

Às vezes, cometemos erros sem saber como são horríveis. Foi o que aconteceu com as pessoas cruéis que mataram Jesus. Alguns o insultaram e cuspiram nele. Os soldados o chicotearam e colocaram uma coroa de espinhos sobre a Sua cabeça. Eles pregaram Suas mãos e pés sobre a cruz de madeira. Mesmo assim, antes de morrer, Jesus pediu a Deus que os perdoasse. Não importa quais os erros que você cometeu, Jesus pode perdoar se você lhe pedir.

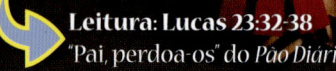

Leitura: Lucas 23:32-38
"Pai, perdoa-os" do *Pão Diário*

Para memorizar

Decifre o versículo e preencha os espaços:

Então ____5 LETRAS____ disse: "Pai, ____6 LETRAS____ esta gente! Eles ____8 LETRAS____ o 3 LETRAS____ estão ____7 LETRAS____."

Lucas 23:34

Dicas:

- que
- não sabem
- Jesus
- fazendo
- perdoa

Experimente!

O Cabeça de Ovo

Para colorir!

O Cabeça de Ovo

*Certo dia o Cabeça de Ovo
sobre um muro se sentou.
Mas caiu — tibumba! —
um belo tombo levou.
Nem todos os cavaleiros do rei,
nem os seus cavalos,
puderam colocar o Cabeça de Ovo
de volta em seu lugar.*

Às vezes, nos sentimos assim após fazer alguma coisa errada. Mas Jesus pode consertar nossos corações e colocar tudo em ordem, se lhe pedirmos perdão. Você precisa pedir perdão para Jesus?

Falando sobre

É maravilhoso saber que Jesus pode perdoar todos os nossos pecados — sejam eles grandes ou pequenos. O perdão de Deus demonstra o quanto Ele nos ama. Quando somos perdoados, podemos viver sem sentir vergonha. Louvado seja Deus!

Você crê?

Jesus foi crucificado entre dois ladrões. Um deles zombou de Jesus. Ele não acreditou que Jesus era o Filho de Deus, nem que Ele veio para morrer por nós e para nos levar ao céu com Ele. O outro ladrão acreditou em Jesus, e Ele lhe disse: "Hoje você estará comigo no paraíso." Ao acreditarmos em Jesus, iremos para o céu após a morte. Você crê em Jesus?

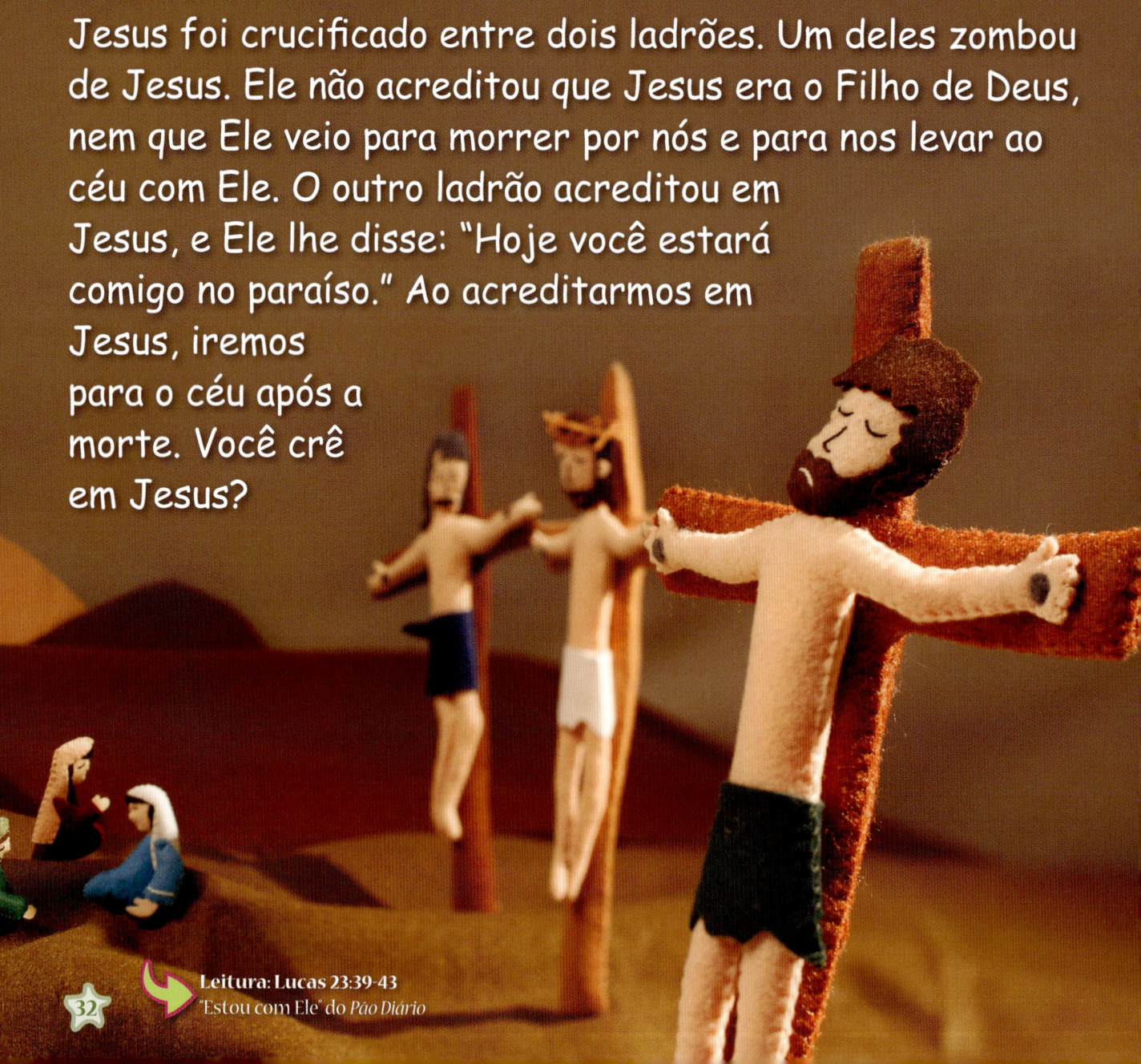

Leitura: Lucas 23:39-43
"Estou com Ele" do *Pão Diário*

Para memorizar

O versículo está escondido no caça-palavras. Procure as palavras no versículo e pinte. Algumas já foram feitas para você. Mas seis ainda estão faltando. Encontre-as.

```
A W E P JESUS Q I U T R L RESPONDEU:
B B B M J U EU P P P C X Z R T Y T Y W Q A E
A FIRMO R H R T A G G VOCÊ B N N N Q U E
O O ISTO U Y U Y É F F F D D VERDADE:
O P O P O P W Q Y U T T HOJE B B V Y T R P L
P L Ç A Z VOCÊ L K L K S R S ESTARÁ I K J N I
COMIGO Q Q J K O L A H E N S P P A P W Q R
NO P L Ç S U R I L B V M M V I R U O PARAÍSO.
```

Lucas 23:43

Experimente!

A única chave

A porta da casa está trancada. Para abri-la e entrar em casa, preciso usar a chave certa. Meus pais têm um molho de chaves. Qual é a chave que abre?

A única chave

Como entramos numa sala trancada? Precisamos da chave certa. Como entramos no céu? Precisamos da chave certa também! Sabe qual é a chave que abre a porta do céu? Jesus.

Quando você acredita em Jesus e no que Ele diz sobre si, Jesus se torna a sua chave para o céu.

Falando sobre

O céu é um lugar maravilhoso, pois é a morada de Deus. Você quer ir para o céu? Se você quiser, vai precisar aceitar Jesus no coração, como seu Salvador. Ore e diga isso a Ele.

Jesus está vivo

Jesus morreu e foi sepultado. Seus inimigos tinham medo que os seguidores de Jesus levassem Seu corpo e depois dissessem que Ele tinha ressuscitado dos mortos. Por esse motivo, colocaram guardas ao redor do túmulo para evitar que isto acontecesse. Mas foi em vão. Na manhã de domingo, Jesus ressuscitou dentre os mortos. Ninguém conseguiu impedir. Ainda hoje, muitas pessoas dizem que Jesus não ressuscitou dentre os mortos. Mas Ele está vivo! Você crê?

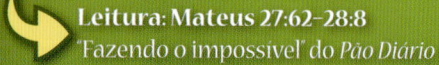

Leitura: Mateus 27:62–28:8
"Fazendo o impossível" do *Pão Diário*

Para memorizar

Encontre cinco palavras espalhadas pelo campo e use-as para completar o versículo.

Mateus 28:6

Mas _____ não está _____;
já foi_____ como_____
_____.

morto *dito* *ressuscitado* *tinha* *ele*

Experimente!

Jesus está vivo

Veja como fazer o túmulo de Jesus:

- Pintar de marrom a parte de baixo de um prato de papelão, e a parte de cima pintar de preto.
- Cortar ao meio.
- Colar a parte redonda das duas bordas uma na outra.
- Recortar no meio o formato de uma porta
- Colar a figura de um anjo sobre o vão da porta.
- Fazer uma pedra de bola de papel para cobrir a entrada do túmulo.
- Ao retirar a pedra, vou lembrar o que o anjo disse: "Ele ressuscitou!"

Jesus está vivo

Você já tentou fazer alguma coisa impossível? Manter Jesus no túmulo foi impossível. Muitas pessoas ainda tentam e falham. Mas nada que alguém possa dizer ou fazer poderia desmentir que Jesus ressuscitou. Ele está vivo!

Falando sobre

A Bíblia diz que Jesus ressuscitou dentre os mortos. Muitos dos Seus seguidores o viram vivo. Ele pode viver em nós quando o convidamos para entrar em nosso coração. Oriente a criança para convidar Jesus a entrar em seu coração.

Para colorir

Eu tenho prazer em fazer a tua vontade, ó meu Deus!
—Salmo 40:8

Capítulo 3
Brilhando por Jesus

Como és poderoso! Como é grande a tua força! —Salmo 89:13

Deus conhece você

Muitas pessoas odiavam Zaqueu. Ele era um coletor de impostos e roubava o dinheiro das pessoas. Um dia Zaqueu se encontrou com Jesus. O Senhor Jesus já sabia o nome de Zaqueu quando o viu naquela árvore.

A vida de Zaqueu mudou depois que ele conheceu Jesus. Zaqueu deu a metade do seu dinheiro aos pobres. Ele devolveu o dinheiro roubado às pessoas que tinha enganado.

Jesus conhecia Zaqueu e conhece você também. Ele sabe qual é o seu nome. Como Zaqueu, você também gostaria de conhecer Jesus?

Leitura: Lucas 19:1-10
"Deus sabe o seu nome" do *Pão Diário*

Para memorizar

Salmo 139:1

Ó Senhor Deus, tu me examinas e me conheces.

Dica: Feche um dos olhos, segure este livro horizontalmente, e leia-o ao nível dos seus olhos.

Experimente!

Eu conheço você

Vou lhe mostrar que conheço todos os meus brinquedos favoritos. Cubra alguns deles enquanto eu fechar os meus olhos. Sentindo com as minhas mãos, posso dizer o nome de cada um deles.

Eu conheço você

Conhecemos melhor as pessoas e os objetos que estão mais perto de nós. Mesmo sem olhar, reconhecemos uma pessoa pela voz e um objeto quando o tocamos.

Podemos ter certeza de que nosso Pai celestial, que sabe tudo, nos conhece melhor ainda.

Falando sobre

O que Deus sabe sobre você? A lista é muito longa?

Deus conhece todas as coisas... Ele sabe quantos fios de cabelo cada um tem em sua cabeça! Não podemos esconder nada dele. Portanto, serei amigo de Deus para sempre.

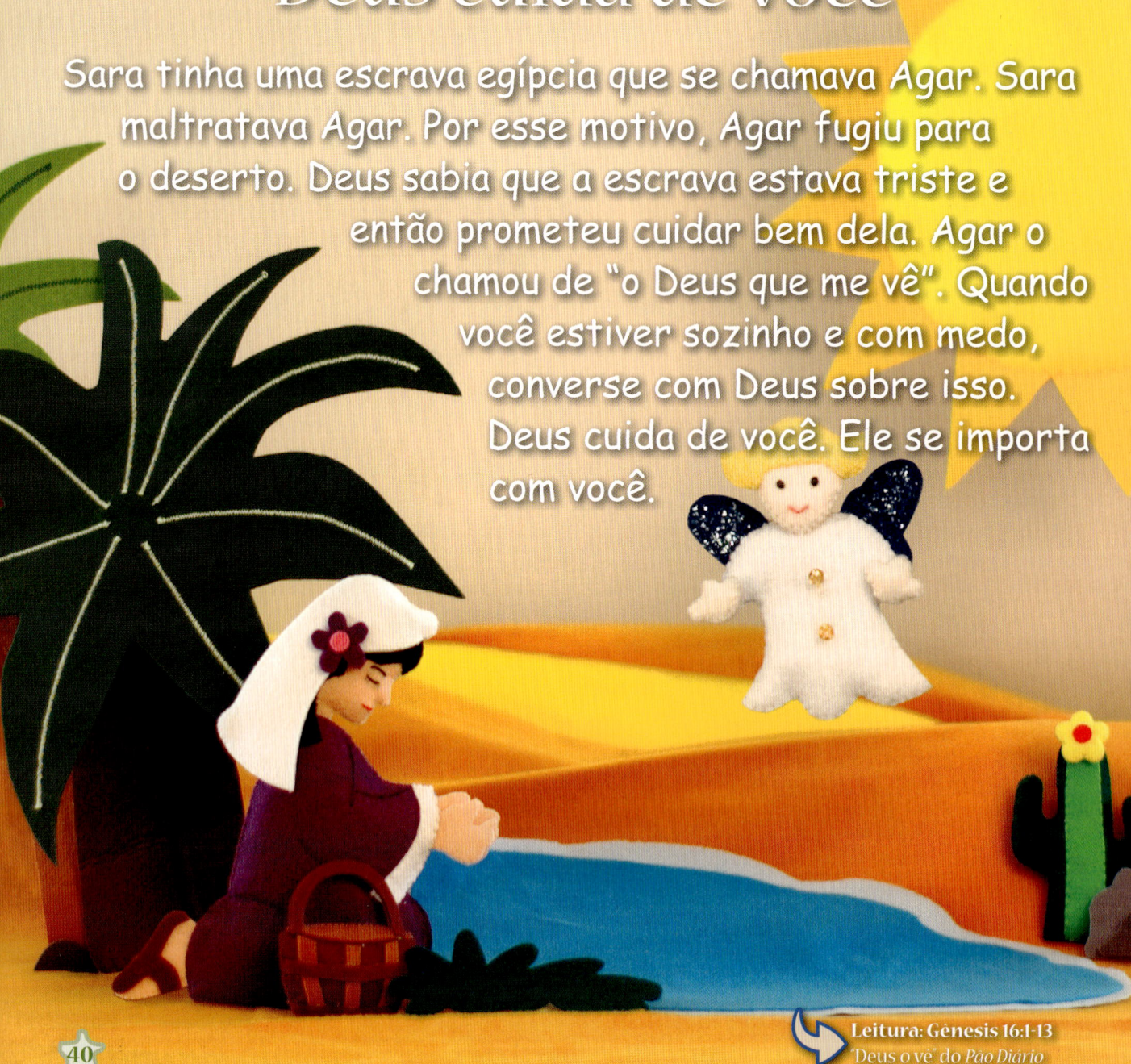

Deus cuida de você

Sara tinha uma escrava egípcia que se chamava Agar. Sara maltratava Agar. Por esse motivo, Agar fugiu para o deserto. Deus sabia que a escrava estava triste e então prometeu cuidar bem dela. Agar o chamou de "o Deus que me vê". Quando você estiver sozinho e com medo, converse com Deus sobre isso. Deus cuida de você. Ele se importa com você.

Leitura: Gênesis 16:1-13
Deus o vê do *Pão Diário*

Para memorizar

Salmo 34:15

Vertical
1. Perdidos menos o "r".
2. O médico _____ dos doentes.
3. Não são animais, são _____.
6. Não são "meus", são _____.

Horizontal
4. Quem criou o mundo?
5. Com os ouvidos, você ____!
7. O contrário de "desonestas".

4 _____ 2 _____ das
3 _____ 7 _____
e 5 _____ os 6 _____
1 _____ —Salmo 34:15

Experimente!

Quanto posso enxergar?

Abro meu livro predileto na página central, e o coloco em pé, em cima da mesa. Dou dois passos para trás, e leio em voz alta o que está escrito na página.

Em seguida, dou mais quatro passos para trás, enquanto alguém vira a página. Consigo ler o que está escrito?

Alguém vira a página outra vez, enquanto dou mais dez passos para trás. Será que ainda vou conseguir ler?

Quanto posso enxergar?

Não importa onde estamos, nem o que está acontecendo, Deus vê e sabe. Como Agar, também podemos descobrir a mesma verdade.

Não podemos ver tudo, mas Deus pode, e por isso Ele cuida de nós o tempo todo.

Falando sobre

Você já se sentiu sozinho ou com medo? Às vezes, você se sente sozinho e acha que ninguém o compreende. Como Deus cuida sempre de você, o que poderá fazer quando…

Sentir medo?
Vou _____

Sentir-se sozinho?
Vou _____

Deus cuida de nós o tempo todo.

41

Ouça Deus falar

Samuel era um menino que ajudava o sacerdote Eli no templo. Certa noite, Samuel ouviu alguém chamando o seu nome três vezes. Eli disse a Samuel que Deus o estava chamando. Deus chamou uma quarta vez. Samuel respondeu: "Fala, pois o teu servo está escutando." Samuel estava pronto para ouvir Deus falar. Nos dias de hoje, ouvimos a voz de Deus através da Bíblia. Esteja pronto para ouvir a Palavra de Deus.

Leitura: 1 Samuel 3:10
"Você está ouvindo?" do *Pão Diário*

Para memorizar

rhoo..o
rhoo.. o

1 Samuel 3:10

💬   ➡️   🔺   ⬛   🌀

. . . . , pois o . . .   .

Dicas:

➡️ = teu

🌀 = escutando

🔺 = servo

⬛ = está

💬 = fala

Experimente!
Será que estou ouvindo bem?

Tenho bons ouvidos? Posso adivinhar quem está me chamando? Vou descobrir. Vou fechar bem os olhos e ouvir as pessoas da família chamarem o meu nome. Posso adivinhar quem está me chamando?

Em seguida, enquanto todos estiverem conversando, alguém vai dizer o meu nome. Sem espiar, posso adivinhar quem me chamou? Usei apenas os meus ouvidos?

Será que estou ouvindo bem?

Para ouvir a Deus é necessário ter atenção, para isso precisamos de tempo e esforço para distinguir a voz de Deus dentre todos os sons ao nosso redor.

Para distinguir a voz de Deus é preciso ler, refletir e praticar o que a Bíblia diz.

Falando sobre

Compartilhe como um versículo da Bíblia o ajudou. Encoraje a criança a falar sobre um versículo que aprendeu e que poderá ajudar a todos.

A Palavra de Deus é uma lâmpada para os nossos pés e uma luz para o nosso caminho.

Você pode confiar em Deus

Lázaro, Marta e Maria eram bons amigos de Jesus. Lázaro ficou doente. Suas irmãs pediram que Jesus viesse à casa deles. Elas sabiam que Jesus poderia curá-lo.
Mas Lázaro morreu antes de Jesus chegar.
Lázaro ficou enterrado por quatro dias, mas Jesus o trouxe de novo à vida.
Talvez você não saiba muita coisa sobre Deus, mas mesmo assim pode confiar nele. Ele sabe o que é melhor para você.

Leitura: João 11:1-6,17-27
Amor verdadeiro do *Pão Diário*

Para memorizar

Hebreus 13:6

O Senhor é quem me ajuda e eu não tenho medo.

Dica: Deixe o espelho revelar o segredo.

Experimente!

Confie sem olhar

Posso seguir instruções. Vou lhe mostrar. Com os olhos vendados, posso encontrar um doce ou um brinquedo em qualquer parte da sala. Ao ouvir as instruções, vou encontrar o meu "prêmio".

Confie sem olhar

Esta atividade ajudará a criança a exercitar confiança total em alguém que a ama. Para dificultar um pouco mais, você pode colocar obstáculos no caminho entre a criança e o "prêmio".

É como confiar em nosso Pai celeste.

Falando sobre

Pense em algo que você precisou fazer e que não foi agradável. Talvez um remédio horrível ou tomar uma injeção que doeu. Apesar da dor ou do gosto ruim, de que maneira esta experiência o ajudou?

Nem todas as coisas que são boas para nós são bonitas ou agradáveis em seu início. Mas, na hora certa, Deus sempre nos dá o que é melhor para nós.

Se você ama Jesus, siga-o

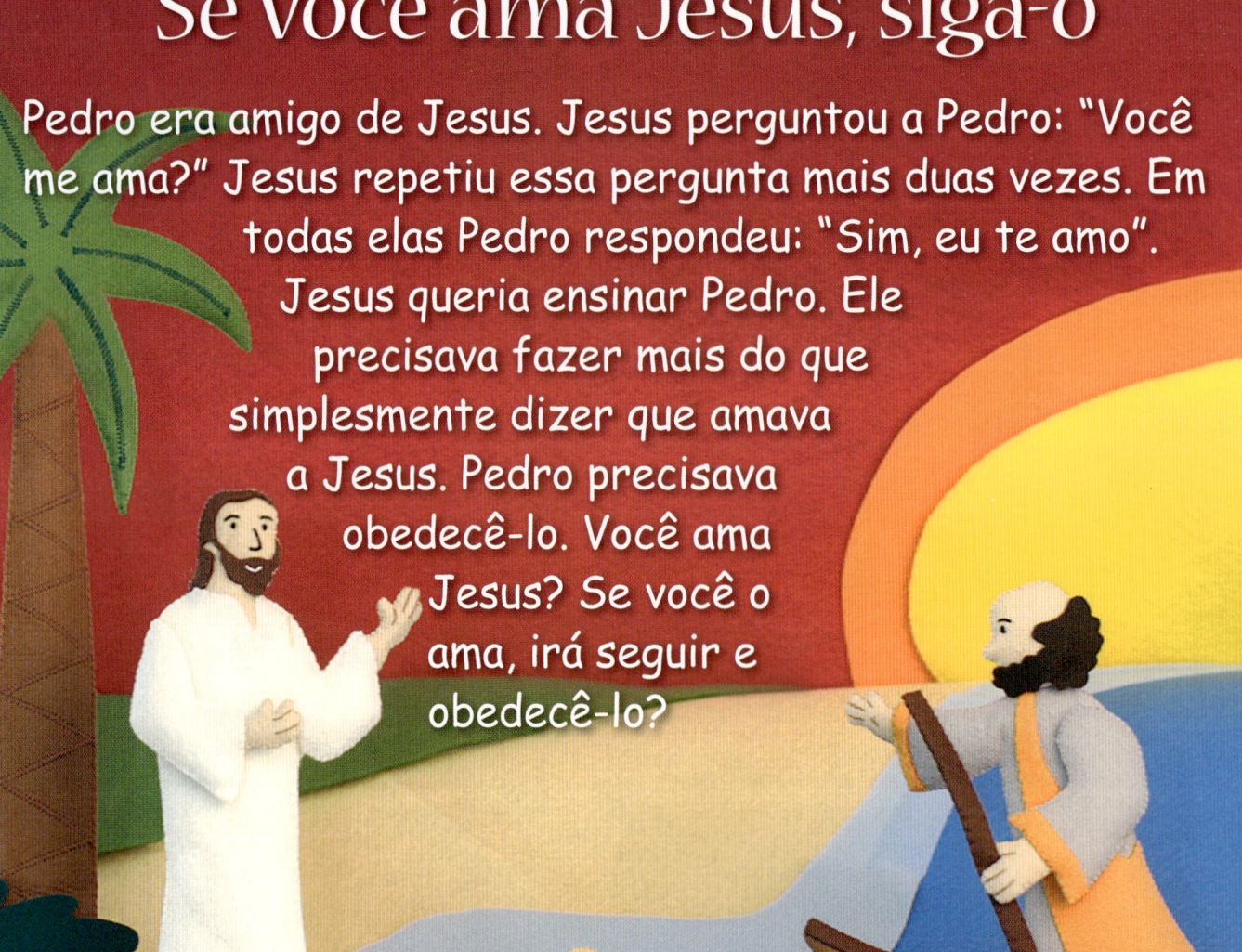

Pedro era amigo de Jesus. Jesus perguntou a Pedro: "Você me ama?" Jesus repetiu essa pergunta mais duas vezes. Em todas elas Pedro respondeu: "Sim, eu te amo". Jesus queria ensinar Pedro. Ele precisava fazer mais do que simplesmente dizer que amava a Jesus. Pedro precisava obedecê-lo. Você ama Jesus? Se você o ama, irá seguir e obedecê-lo?

Leitura: João 21:15-25
"Você me ama?" do *Pão Diário*

Para memorizar

Se vocês me amam, obedeçam aos meus mandamentos.

Dica: Vire o livro de ponta cabeça.

João 14:15

Experimente!

Só vale o que você faz!

Faço de conta que estou com muita fome e à procura de algo para comer. Então peço a alguém para esconder uma pequena bola ou objeto em suas mãos, nas costas. Daí, tento adivinhar em que mão o objeto está escondido. Se eu não adivinhar, a pessoa dirá: "Amo você", mas não fará nada. Mas se eu adivinhar, vou ganhar uma "comida" bem gostosa e só vou parar quando estiver satisfeito.

Só vale o que você faz!

Palavras não significam nada se não vierem de mãos dadas com as ações.

A atividade de hoje procura reforçar esta lição: De que maneira amamos Jesus? Quando obedecemos aos mandamentos de Deus, demonstramos amor por Ele.

Falando sobre

Existem muitas maneiras de demonstrar amor. Investir o tempo com alguém ou perguntar-lhe como foi o seu dia são algumas dessas maneiras.

Posso demonstrar amor para
(nome) _____ da seguinte maneira _____.

Obedecer e amar a Deus significa amar os outros também.

Braços eternos

Jesus está sempre pronto para nos ajudar. Seus braços fortes nos sustentam e guardam em segurança. Nós também temos braços. Podemos fazer muitas coisas com eles, mas nossos braços podem ficar cansados. Os braços de Jesus nunca se cansam. Porque os braços dele nunca se cansam, Ele pode nos proteger sempre. Com segurança, podemos colocar a nossa vida em Suas mãos.

Leitura: Marcos 1:14-28
"Impressionado com Jesus" do *Pão Diário*

Para memorizar
Salmo 89:13

Decifre a mensagem.

Dicas:
- 👁 = força
- 🐦 = és
- ⚖ = !
- 👤 = como
- 🏛 = poderoso
- 🌾 = é
- 🦅 = a
- ∞ = grande
- 👃 = tua

Experimente!

Aguente firme

Vou descobrir por quanto tempo consigo me manter pendurado no braço da mamãe ou do papai. Não vai demorar para me sentir cansado. Quero ver quanto tempo meu pai vai me aguentar pendurado em seus braços.

Aguente firme

Certifique-se de que a criança esteja agarrada firmemente ao seu braço sem tocar os pés no chão para que ela sinta o efeito do esforço físico. Marque por quanto tempo ela consegue se segurar em você. Quando estiver cansada, carregue-a enquanto lhe diz que os braços de Jesus são ainda mais fortes do que os seus e que nunca se cansam.

Falando sobre

Seria maravilhoso ter um amigo bem forte. Você sabe quem é a pessoa mais forte do mundo? Não é o Super-Homem. É Jesus.

Ele quer ser o seu amigo. Você gostaria que Ele fosse seu amigo também? Se a resposta for sim, diga-lhe isso!

Seja um bom exemplo

Você deseja ser muito parecido com alguém que faz o que é bom e certo? Paulo foi um bom exemplo para muitos cristãos. Ele seguia a Jesus e o imitava. Deus deseja que também sejamos bons exemplos e que façamos coisas boas como Jesus fez. Quando outras pessoas começarem a nos seguir, elas seguirão a Jesus.

Leitura: 1 Tessalonicenses 1
"Modelos para imitar" do *Pão Diário*

Para memorizar

como eu sigo

de Cristo

o exemplo

Sigam

o meu exemplo

1 Coríntios 11:1

2: _____ 5: _____
4: _____ 1: _____
     3: _____ .

Experimente!

Siga-me

Veja como eu o sigo. Escolho um líder e fico bem atrás dele. Imito tudo o que o líder faz, se ele pula um objeto, anda ao seu redor ou passa por entre os objetos da sala. Em seguida é minha vez de ser o líder.

Siga-me

Um cristão não apenas segue Jesus, mas também mostra a outras pessoas como segui-lo. Os outros nos observam. Se nosso modelo for Jesus, eles também desejarão conhecer e segui-lo.

Repita a atividade algumas vezes e ajude a criança a aprender esta lição importante.

Falando sobre

Jesus demonstra como devemos nos comportar: Ele obedece ao Seu pai. Ele faz o que é certo aos olhos de Deus. Ele nos ama, e cuida de nós.

Quando fizermos o que Jesus faz, outros entenderão o que significa segui-lo.

Para colorir

Se vocês me amam, obedeçam aos meus mandamentos.
—João 14:15

Capítulo 4

Meu presente de Natal

Nasceu uma criança
que será o nosso rei.
—Isaías 9:6

Um presente prometido

Você já fez uma promessa a alguém e conseguiu cumprir? Às vezes, não cumprimos as nossas promessas, mas Deus, sempre as cumpre. Muitos anos atrás, Ele nos prometeu um presente muito especial e maravilhoso — Seu Filho. Ele é o nosso Conselheiro Maravilhoso, Deus Poderoso, Pai Eterno e Príncipe da Paz. Jesus nasceu para cumprir essa promessa e Ele quer ser nosso amigo para sempre.

Leitura: Isaías 9:6-7
"Um presente prometido" do *Pão Diário*

Para memorizar

Feche um dos olhos, segure este livro horizontalmente, e leia-o ao nível dos seus olhos.

Nasceu uma criança que será o nosso rei.

Isaías 9:6

Experimente!

Prometendo um presente de amor

Vou fazer um cartão de Natal para mamãe e papai. Nele, vou escrever o que farei para agradá-los e demonstrar que os amo. O que será? Por exemplo, vou agradá-los...

- Comendo toda minha salada.
- Arrumando minha cama.
- Fazendo meu dever de casa.

Prometendo um presente de amor

Algumas vezes as pessoas quebram suas promessas porque mudam de ideia ou porque não têm como cumpri-las.

Não é assim com Deus. Ele quer e pode cumprir Suas promessas.

Falando sobre

Pergunte à criança o que ela sente quando alguém não cumpre uma promessa. Ajude-a a compreender que, quando Deus faz uma promessa, Ele a cumpre, não importa quanto tempo leve.

55

Jesus nasceu

Um pouco antes de Jesus nascer, Seus pais foram para Belém. Quando chegaram, procuraram um lugar para ficar, mas todos os lugares estavam ocupados. No final, o nenezinho Jesus nasceu em um estábulo porque não havia lugar para eles ficarem. Hoje, Jesus está procurando um lugar para ficar em seu coração. Há espaço para Ele no seu coração?

Leitura: Lucas 2:1-7
"Lugar para Jesus" do *Pão Diário*

Para memorizar

Descubra as palavras abaixo e preencha os espaços em branco. Por exemplo: OLFHI=FILHO

Maria deu à luz o seu primeiro filho. _____[1] o menino em panos e o deitou numa _____[2], pois não havia lugar para eles na _____[3].

Lucas 2:7

Dicas:

1. LRUONEO
2. RDEOMAJNAU
3. SOPNEÃ

Experimente!

Abrindo espaço

Tenho um pote cheio de doces e miniaturas de bichinhos de pelúcia. Quando minha mãe ou pai me entregam outro doce ou brinquedo para colocar dentro do pote, preciso decidir o que tirar dele, antes de colocar o novo presente.

Abrindo espaço

Para abrir espaço para alguém, precisamos retirar os empecilhos do caminho. Jesus quer entrar em seu coração. Quais os empecilhos que podem ser retirados?

O maior empecilho é o nosso pecado. Quando pedimos perdão a Deus, abrimos espaço para Jesus.

Falando sobre

Pergunte à criança como é possível abrir espaço para Jesus em seu coração. De que maneira é possível seguir Jesus obedecendo ao que Ele diz?

Boas-novas!

Deus quer que todos: ricos ou pobres — bons ou maus, conheçam o Seu amor. Na noite em que Jesus nasceu, Deus enviou um anjo para avisar os pastores. Muitas pessoas não gostavam dos pastores, mas Deus se importava com eles. O anjo veio para dizer-lhes onde encontrar Jesus. Assim como Deus se importa com eles, se importa com você também. Deus deseja que você o encontre. E você, quer encontrá-lo?

Leitura: Lucas 2:8-15
"Os pastores" do *Pão Diário*

Para memorizar

Preencha os espaços em branco:

Lucas 2:11

Hoje mesmo, na cidade de Davi, nasceu o
☐1☐☐☐☐☐☐☐
de vocês — o
☐2☐☐☐☐☐☐
o
☐3☐☐☐☐☐

Dicas:
Use o espelho e descubra o segredo!

1. Salvador
2. Messias
3. Senhor

Experimente!

Procurando Faíscas

Peça para alguém esconder este livro. Em seguida, vá procurá-lo. Peça à pessoa que dê dicas para ajudá-lo a encontrar o livro *Faíscas*.

Procurando *Faíscas*

Assim como você precisou de ajuda nesta brincadeira para encontrar este livro, precisamos de ajuda para encontrar Deus. Nós podemos encontrá-lo quando oramos e lemos a Bíblia. Você já o encontrou?

Deus prometeu que se nós o procurarmos, encontraremos.

Falando sobre

Ore com a criança e agradeça a Deus por nos amar e nos ensinar como podemos encontrá-lo.

Nascido com um propósito

O Natal é a celebração do nascimento de Jesus. Você sabe por que celebramos? Jesus nasceu com um propósito — ajudar a nos tornar filhos de Deus. Mas antes de nos tornarmos Seus filhos, precisamos do perdão de Deus, pois todos pecaram, e nós fazemos coisas erradas. Jesus nasceu para que os nossos pecados fossem removidos. Dessa maneira, podemos receber o perdão de Deus e nos tornarmos Seus filhos.

Leitura: Mateus 1:18-25
"Nasceu para morrer" do *Pão Diário*

Para memorizar

Faltam algumas vogais no versículo.
Complete corretamente os espaços em branco.

El___ t___rá um men___no,
e voc___ p___rá n___le
o n___me de J___s___s,
po___s ___le s___lv___r___
o s___u p___vo d___s
p___c___d___s del___s.

Mateus 1:21

Experimente!

Agradar ou congelar

Seguro um doce em minha mão e o escondo atrás, nas costas. Mamãe e papai vão tentar adivinhar em qual das mãos o doce está. Se acertarem, ganharão um beijo meu. Se errarem, terão que ficar virados para a parede por dez segundos. Depois de dez tentativas, direi a eles quantos beijos e "punições" têm para receber.

Agradar ou congelar

O propósito da vinda de Jesus foi nos salvar dos nossos pecados. Isso Ele fez pagando todo o preço do pecado.

Ajude a criança a entender esta importante lição, perguntando-lhe se está disposta a pagar todos os "castigos" por você. Observe a reação da criança.

Falando sobre

Jesus nos ama. Ele está disposto a levar os castigos do pecado por nós. Você deseja que Jesus tome o seu lugar e o salve do seu pecado? Se quiser, diga isso a Ele.

Deus deu Seu único Filho

A história do Natal fala do nascimento do bebê Jesus. Ele cresceu para nos salvar dos nossos pecados e para nos tornar filhos de Deus. Quando nos tornamos filhos de Deus, nossas vidas mudam para sempre. Você deseja ser filho de Deus? Permita que Jesus seja o seu melhor amigo hoje! Siga-o, obedecendo aos Seus mandamentos escritos na Bíblia.

Leitura: João 3:13-18
"O bebê cresceu" do *Pão Diário*

Para memorizar

Você consegue decifrar o versículo? Preencha os espaços.

_____ _____

_____

_____ _____

João 3:16

Dicas:

- o seu único Filho
- que deu
- tanto
- amou o mundo
- Porque Deus

Experimente!

A corrida da pimenta

Vou encher uma tigela com água até a metade. Em seguida, vou salpicar pimenta-do-reino em pó para cobrir levemente a superfície da água. Aí, vou mergulhar um palitinho em detergente líquido e colocá-lo na água, no meio da tigela. O que acontecerá com a pimenta?

A corrida da pimenta

Assim como a pimenta "corre" rapidamente para os lados da tigela, deixando a água no centro limpa, quando deixamos Jesus entrar em nossas vidas, Ele afasta as sujeiras do pecado. Ele quer que a nossa vida seja limpa e pura.

Falando sobre

Converse com a criança sobre as maneiras de seguir Jesus, obedecendo a Bíblia.

Falando de Jesus aos outros

É maravilhoso celebrar o Natal. Mas quando passa, voltamos às atividades rotineiras como ir à escola e fazer as lições. Então, o que há de tão especial no Natal? Quando reconhecemos Jesus como o nosso melhor amigo o Natal torna-se um dia especial. Sendo o seu melhor amigo, Jesus estará sempre com você.

Leitura: Lucas 2:15-20
"De volta ao trabalho" do *Pão Diário*

Para memorizar

Cada coração em branco representa uma palavra. Preencha cada coração branco com a cor certa.

Lucas 2:20

Dicas:

- campos
- anjo
- ouvido
- louvor
- acontecido
- pastores

Então os 🤍 voltaram para os 🤍, cantando hinos de 🤍 a Deus pelo que tinham 🤍 e visto. Tudo tinha 🤍 como o 🤍 havia falado.

Experimente!

Não é mais o mesmo

Minha mãe, ou pai, colocou um ovo cozido e um cru sobre a mesa. Será que consigo dizer qual deles é o ovo cozido, só de olhar? Para descobrir a diferença, vou girar o ovo e prestar bastante atenção nos movimentos. O ovo que girar bem está cozido. Se balançar ou girar devagar está cru.

Não é mais o mesmo

Os ovos podem parecer iguais. Mas, como por dentro são diferentes, produzem resultados diferentes.

Jesus é o coração do Natal. Com Ele em nossos corações, todos os dias podem ser tão cheios de alegria como o Natal.

Falando sobre

Mesmo quando o dia de Natal passa e precisamos voltar às nossas rotinas diárias, podemos levar Jesus conosco e nos alegrar sempre com a Sua presença. Compartilhe com a criança algumas ideias sobre como ficar perto de Jesus.

Presentes de aniversário para Jesus

Nos aniversários, sempre damos presentes para o aniversariante. O que você pode dar para Jesus neste Natal? Você já preparou seu presente para Ele? O que você quer lhe dar? Um presente é como uma janela para o seu coração, e demonstra o quanto você ama Jesus. Você pode entregar-se a Ele. E se você já pertence a Jesus, pode ouvir o que Ele diz.

Leitura: Mateus 2:1-2,9-12
"Um presente ideal" do *Pão Diário*

Para memorizar

O versículo está misturado. Escreva nos espaços abaixo as palavras em ordem correta. Algumas palavras já estão ali.

- sacrifício vivo
- a Deus
- agradável
- serviço
- se ofereçam
- dedicado

_____ completamente _____ como um _____ _____ ao seu _____ e _____ a ele.

Romanos 12:1

Experimente!

Presentes de Natal

Vou escrever uma lista de Natal com presentes engraçados para cada pessoa da família. Por exemplo, se alguém da família for muito sério, poderia colocar algo como "um cachorrinho".

1-_____

2-_____

3-_____

Presentes de Natal

As pessoas dão presentes diferentes no Natal. O que podemos dar para Jesus neste Natal? Você já preparou o seu presente para Ele? Ler a Bíblia e falar com Jesus em oração é a melhor maneira de descobrir o que Ele quer receber em Seu aniversário.

Falando sobre

O que você acha que Jesus quer receber em Seu aniversário? Ajude a criança a compreender que o maior desejo de Jesus é que lhe entreguemos o nosso coração e que o amemos, obedecendo às Suas palavras.

Para colorir

*Pois já nasceu uma criança,
Deus nos mandou um menino
que será o nosso rei…*
—Isaías 9:6

Porque o Filho do Homem veio buscar e salvar quem está perdido.
—Lucas 19:10